Richard Deiss

Deutschlands schönste Rathäuser

Meine Liste der 100 sehenswertesten Rathäuser in Deutschland

Impressum

Autor:	Richard Deiss
Cover:	Richard Deiss

Kontakt: richard.deiss@gmail.com

Verlag: BoD · Books on Demand GmbH,
In de Tarpen 42, 22848 Norderstedt,
bod@bod.de

Druck: Libri Plureos GmbH, Friedensallee 273,
22763 Hamburg

ISBN: 978-3-7693-5359-4

Zweite Auflage 2025, Originalausgabe

Bibliografische Information der Deutschen Nationalbibliothek
Die Deutsche Nationalbibliothek verzeichnet diese Publikation in der Deutschen Nationalbibliografie; detaillierte bibliografische Daten sind im Internet über http://dnb.d-nb.de abrufbar

Inhaltsverzeichnis

Rathaus von Wörth am Main
(in der vorigen Auflage noch in der Top-100 Liste)

Vorwort

Ich bin ein Städte-Vielreisender und habe in Deutschland bereits 1860 Städte besucht, darunter alle Städte in den alten Ländern sowie in Thüringen und Sachsen-Anhalt. Weil ich in den besuchten Städten immer wieder interessante Fachwerkhäuser gesehen und fotografiert hatte, beschloss ich, ein Buchserie zu den schönsten und sehenswertesten Fachwerkhäusern Deutschlands zu machen. Gleichzeitig fiel mir auf, dass immer wieder Rathausgebäude auf mich Eindruck gemacht hatten, ob Fachwerkgebäude oder Massivbau. Nachdem ich die Fachwerkhausreihe abgerundet hatte, wollte ich mich einer Zusammenstellung der schönsten Rathäuser Deutschlands widmen. Darunter waren als Ausgangspunkt viele Fachwerkrathäuser, vor allem in Baden-Württemberg und Hessen. Diese ergänzte ich durch beeindruckende Rathäuser, die keine Fachwerkbauten waren. Ziel ist bei künftigen Neuauflagen den Fachwerkanteil noch zu verringern, in der zweiten Auflage ist er bereits gesunken.

Um wichtige Rathäuser zu würdigen, die nicht in die Liste der schönsten eingegangen sind, werden diese in den Einleitungen der Regionskapitel erwähnt. Dadurch sind im Buch etwa 140 Gebäude aufgeführt und mit einem Foto vertreten. Die Liste ist Work in Progress, weitere Reisen, Sanierungen oder Neubauten können zu Veränderungen dieser subjektiven Liste führen.

Ich freue mich jedoch, wenn das Buch interessierte LeserInnen findet, die es lehrreich und unterhaltsam finden. Kommentare sind willkommen. Vielleicht werden LeserInnen auch angeregt, das eine oder andere Rathaus selbst in Augenschein zu nehmen.

Viel Spaß beim Lesen und dem Betrachten der Rathausgebäude.

Isny im Februar 2025
Richard Deiss

Vorwort zur zweiten Auflage

In der zweiten Auflage wurden nach weiteren Reisen 9 Rathäuser neu in die Top 100 aufgenommen

- **Ulm** (Baden-Württemberg)
- **Bad-Staffelstein** (Bayern)
- **Landsberg/Lech** (Bayern)
- **Chemnitz** (Sachen)
- **Freiberg** (Sachsen)
- **Eisleben** (Sachsen-Anhalt)
- **Erfurt** (Thüringen)
- **Neustadt/Orla** (Thüringen)
- **Pößneck** (Thüringen)

Entsprechend wurden folgende Rathäuser in die Liste der erwähnenswerten verschoben:

- Goslar (Niedersachsen)
- Butzbach (Hesen)
- Hessisch Lichtenau (Hesen)
- Backnang (Baden-Württemberg)
- Grünsfeld (Baden-Württemberg)
- Strümpfelbach (Baden-Württemberg)
- Burglengenfeld (Bayern)
- Suhl-Heinrichs (Thüringen)

Das Rathaus von Wörth/Main wurde zudem aus der Liste genommen, um die Gesamtzahl konstant zu halten.

In die Liste der erwähnenswerten Rathäuser wurden zusätzlich aufgenommen

- Zittau (Sachsen)
- Löbau (Sachsen)
- Wismar (Mecklenburg-VP.)

Die Gesamtzahl der im Buch erwähnten Rathäuser erhöhte sich somit von 130 auf 140.

Als weitere Neuerung zeigen in der Neuauflage Symbole, ob das Rathaus noch voll ◆ oder in Teilfunktionen ❖ als solches genutzt wird.▤ zeigt Rathäuser mit Wikipedia-Eintrag.

1. Berlin und Brandenburg

In Brandenburg fehlen, mit Ausnahme von Potsdam, größere Städte. Außerdem sind die Städte nicht sehr alt. Man wird hier eher Gründerzeitrathäuser finden als solche aus dem Mittelalter.

In Berlin mit seinen vielen Stadtteilen, die früher unabhängige Städte waren, gibt es viele (Stadtteil-)Rathäuser. Das wichtigste Rathaus Berlins, das 1861-1869 im Neorenaissance-Stil erbaute Rote Rathaus, ist Sitz des Regierenden Bürgermeisters und der Senatskanzlei. Es ist somit das eigentliche Rathaus der Stadt. Jedoch ist es nicht das schönste, auch weil der städtebauliche Kontext nach Kriegszerstörungen mit den umgebenden Bauten nicht der attraktivste ist.

Dem 1902-1907 erbaute Stadthaus von Potsdam, seit es 1947 das kriegszerstörte Alte Rathaus als Verwaltungssitz abgelöst hat auch als Neues Rathaus bezeichnet, fehlen ein vorgelagerter Platz und die Lage und Anmutung eines Rathauses. Man sieht ihm an, dass es einst als Regierungsgebäude (für den Bezirk Potsdam) und nicht als Rathaus mit Bürgerverkehr erbaut wurde.

Wichtige Rathäuser außerhalb der Liste der 100 schönsten:

Berlin, Rotes Rathaus (1869) 🗎	Potsdam, Neues Rathaus (1907)
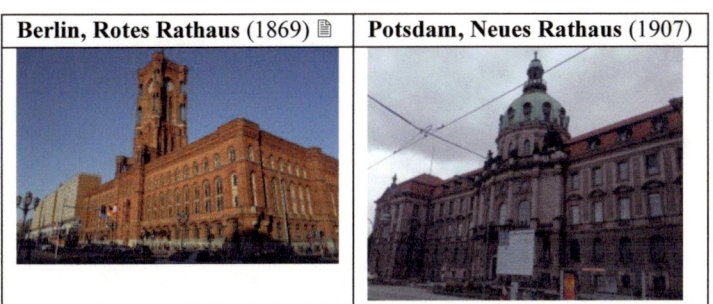	

Berlin-Köpenick

Rathaus Köpenick (1905) ◆ 📄

Als das Rathaus erbaut wurde, war Köpenick (damals Cöpenick
geschrieben) noch eine selbstständige Stadt. Besonders
beeindruckend an diesem Backsteingotik-Bau (Architekten Hans
Schütte und Hugo Kinzer) ist der 54 m hohe schlanke Turm mit
seiner spitzen Haube. Auch der städtebauliche Kontext überzeugt
mit engen Straßen und dichter Urbanität vor dem Turm und einem
Park seitlich des Gebäudes. ☞ Am Haupteingang findet sich eine
Bronzestatue des Hauptmanns von Köpenick, der hier 1906 seine
Köpenickiade aufführte. Als ich Originale-Denkmale sammelte,
besuchte ich deshalb das Rathaus.

Baustil: Neogotik, **Adresse:** Alt-Köpenick 21

Rathaus (1894) ◆

Das 1893-94 erbaute Backstein-Rathaus der kleinen branden-
burgischen Stadt Dahme beeindruckt durch den hohen Rathausturm. Das Rathaus wurde vom Architekten Max Jacob im Stil der
Neorenaissance entworfen.

Baustil: Neorenaissance, **Adresse:** Hauptstraße 49

Altes Rathaus (1755) 📄

Das 1753-55 am Alten Markt im palladinischen Stil (dabei diente der nicht ausgeführte Entwurf von Andrea Palladio für den Palazzo Angarano in Vicenza als Vorbild) errichtete Alte Rathaus wurde im Zweiten Weltkrieg teilweise zerstört und 1961-1966 wiederaufgebaut. Es dient seit 2012 als Museum. Die Platzrandbebauung ist durch Rekonstruktionen in den letzten zwei Jahrzehnten in ihrer Anmutung immer historischer geworden.

Baustil: Palladinisch (klassizistisch), **Adresse:** Alter Markt

2. Hamburg und Schleswig-Holstein

Hamburg

Aus dieser Region ist hier nur das Hamburger Rathaus ausgewählt, eines der größten und prächtigsten Rathausgebäude Deutschlands.

Rathaus (1897) ◆ 🗎

Das historistische Gebäude wurde von einer ganzen Gruppe von Architekten im Neorenaissancestil entworfen. Der Turm ist 112 m hoch und eine wichtige Landmarke in der Hamburger Innenstadt. Die Fassade ist reich mit Figuren geschmückt, auch im Bereich des prächtigen Innenhofes. Das sehr repräsentative Rathaus überstand den Krieg ohne große Schäden.

Baustil: norddeutsche Neorenaissance, **Adresse:** Rathausmarkt 1

3. Niedersachsen und Bremen

In Niedersachsen gibt es zahlreiche Fachwerkbauten und entsprechende Rathäuser. In größeren Städten ist jedoch auch historistische Architektur mit entsprechenden Rathäusern zu finden. Zu den bekanntesten und eindrucksvollsten Rathäusern gehört das Neue Rathaus von Hannover. Nicht ganz so beeindruckend ist das kleinere alte Rathaus. Hier gefällt jedoch der 1964 rekonstruierte Schaugiebel. Das eigentliche Rathaus der Stadt Braunschweig ist ein 1894 bis 1900 nach Plänen von Ludwig Winter im Stil der Neogotik errichteter großflächiger Bau mit einem 61 m hohen die Stadtsilhouette prägenden Rathausturm. Dieses Gebäude wurde im Zweiten Weltkrieg nur leicht beschädigt. Das Rathaus von Einbeck hat vor allem durch seine drei schiefergedeckten Türmchen ein markantes Ausstehen. Goslars gotisches Rathaus zeigt eine selten zu sehende Kubatur.

Bedeutende Rathäuser außerhalb der Liste der Top 100:

Braunschweig, Rathaus (1869)	Einbeck, Altes Rathaus (1562)🗎
Goslar (15. Jahrh.)	Hannover, Altes Rath (15. Jh.)

Rathaus (1586) ◆

Das zur Zeit der Gotik erbaute Rathaus wurde 1584-1586 im Stil der Weserrenaissance umgebaut. Der achteckige Treppenturm mit welscher Haube prägt heute sein Erscheinungsbild. Zudem gibt es einen Schmuckerker, eine Utlucht. Im Jahr 2004 wurde das Gebäude aufwändig renoviert.

Baustil: Weserrenaissance, **Adresse:** Marktplatz 1

Altstadtrathaus (13. Jahrhundert) 📄

Das im 13. Jahrhundert in gotischem Stil erbaute Altstadtrathaus, ist eines der ältesten Rathäuser Deutschlands. Im Zweiten Weltkrieg brannte das Gebäude nach Bombenangriffen im Innern völlig aus, die Fassaden blieben jedoch stehen. Das Erdgeschoss wird heute vom Städtischen Museum genutzt.

☞ Hier sind deshalb in einer Vitrine auch kleine Bronzefiguren von vier Braunschweiger Originalen zu sehen, ein Grund weshalb ich für meine Originale-Denkmalsammlung das Rathaus bereits zweimal besucht habe.

Baustil: Gotisch, **Adresse:** Altstadtmarkt 7

Bremen

Rathaus (1410/1608) ◆▤

Das Bremer Rathaus ist sowohl ein bedeutender Bau der Backsteingotik als auch, nach späteren Umbauten, der Weserrenaissance. Der 1405-1410 entstandene gotische Bau bekam ab 1608 eine von **Lüder von Bentheim** entworfene Südfassade im Weserrenaissancestil, die noch heute die Ansicht des Gebäudes prägt. Das Rathaus überstand den Zweiten Weltkrieg weitgehend unbeschädigt. Seit 2004 gehört es mit dem stehenden Roland auf dem Platz davor zum UNESCO Weltkulturerbe der Menschheit.

Baustil: Gotik und Weserrenaissance, **Adresse:** Am Markt 21

Altes Rathaus (Nordgiebel 1579)◆ 🗎

Während der Nordteil des Rathauses bereits 1292 entstand, wurde der Nordgiebel im Stil der Weserrenaissance erst 1579 errichtet. Als bei Restaurierungsarbeiten im Jahr 1985 verschiedene Farbschichten entdeckt wurden, fand man darunter auch eine Illusionsmalerei aus dem 17. Jahrhundert, die im Norden einmalig war und daraufhin wiederhergestellt wurde. Noch heute macht sie die Fassade zu einem Hingucker.

Baustil: Weserrenaissance, **Adresse:** Markt 14-16

Rathaus (16. Jahrhundert)❖ 🗎

Das **Rathaus von Duderstadt** gehört zu den schönsten Fachwerkgebäuden Deutschlands. Der Kern des Gebäudes, ein zweistöckiger Kaufhausbau aus Sandstein, entstand schon um 1302. Die beeindruckenden Fachwerkgeschosse kamen im 16. Jahrhundert dazu. Verschieferte Türme, Giebel und Erker lassen die Fassade bewegt und märchenhaft erscheinen. Heute dient das Gebäude kulturellen Nutzungen, die Verwaltung ist längst in ein anderes Gebäude umgezogen. ☞ Eines meiner Lieblings-Fachwerkrathäuser.

Baustil: Gotik**, Adresse:** Marktplatz

Neues Rathaus (1913) ◆ 🗎

Das Neue Rathaus Hannovers wurde kurz vor dem Ersten Weltkrieg auf sumpfigem Gelände auf mehr als 6000 Buchenpfählen für über zehn Millionen Mark errichtet. Noch heute ist es Sitz des Oberbürgermeisters. Im Erdgeschoss finden sich vier Stadtmodelle, die die Residenzstadt, de Industriestadt vor dem Zweiten Weltkrieg, die Kriegszerstörungen und die wiederaufgebaute, autogerechte Stadt zeigen. ☞ Mehrfach habe ich das Rathaus besucht, um diese Modelle zu sehen. Eine weitere Besonderheit ist der Schrägaufzug im Dach des Rathauses, den ich auch schon benutzt habe.

Baustil: Historismus/Neorenaissance, teilw. Jugendstil (innen)
Adresse: Platz der Menschenrechte

Rathaus (14. Jahrhundert/1618) ◆

Der Kern des Mündener Rathauses stammt aus dem 14. Jahrhundert. Ein Umbau zwischen 1603 und 1618 verhalf ihm jedoch zu einer Schaufassade im Stil der Weserrenaissance. Die Schaufassade ist von drei Zwerchhäusern geprägt. Auffallend ist das prunkvolle Hauptportal. Fast so prunkvoll und dekorativ ein Fassadenvorbau (eine Utlucht) rechts an der Frontseite.

Baustil: gotisch und Weserrenaissance, **Adresse**: Lotzestr. 1

Rathaus (1894) ◆ 🗎

Das 1889-1894 im deutsch-niederländischen Neorenaissance-Stil erbaute Rathaus hat einen weit sichtbaren 50 m hohen Turm. Einst dienten Türme in Küstennähe auch der Navigation (Kirchen hatten deshalb in vielen Hansestädten hohe Türme). ☞ In den letzten Jahren wurde das Gebäude saniert, ein Gerüst erschwerte das Fotografieren (im Bild brach zusätzlich gerade die Dunkelheit ein). Trotz der unperfekten Aufnahme wollte ich das Rathaus unbedingt in das Buch aufnehmen.

Baustil: Historismus (Neorenaissance), Adresse: Rathausstraße 1

Lingen

Historisches Rathaus (2. Hälfte 16. Jahrhundert) ◆

Seit dem Mittelalter stand an der Stirnseite des Lingener Marktplatzes ein Rathaus. Der große Stadtbrand zerstörte das erste Rathaus bis auf die Grundmauern. In den 1550er Jahren wurde es wieder aufgebaut. Der barocke Treppengiebel in holländischer Bauart entstand erst 1663, unter der Herrschaft der Oranier. 1772 verschwanden die offenen Bögen der Gerichtslaube hinter einer barocken Freitreppe, 1927 zerstörte ein Wirbelsturm den Dachstuhl des Gebäudes. ☞ Heute wirkt das weiß gestrichene Rathaus fast zierlich und schließt den Marktplatz harmonisch ab.

Baustil: Niederländische Renaissance, **Adresse:** Am Markt 15

Meppen

Historisches Rathaus (1408) ❖ 📄

Das Untergeschoss des Rathauses wurde 1408 aus großen Findlingen erbaut. 1605 wurde das Gebäude um zwei Stockwerke erweitert. Die Obergeschosse wurden vorgezogen und auf durch Rundbogen miteinander verbundene Säulen gesetzt, wodurch ein Laubengang entstand. Die Spitze des Rathausturms ist von einem Schiff gekrönt, was die Verbindung zur Hanse und zum Seehandel aufzeigen sollte. Die Verwaltung ist längst aus dem Gebäude gezogen, der Ratssaal wird jedoch noch für Empfänge und Trauungen genutzt. Im Gebäude ist zudem ein Café untergebracht.

Baustil: Renaissance, **Adresse:** Markt 43

Historisches Rathaus (1487-1512) ◆ 🖹

Das historische Rathaus wurde Ende des 15. Jahrhunderts im spätgotischen Stil erbaut, zeigt aber bereits Merkmale der Renaissance.
An den Ecken und in der Mitte des großen hohen Walmdachs finden sich insgesamt sechs spitze Türmchen. Die große steinerne
Freitreppe kam erst 1846 hinzu. Im Erdgeschoss des Rathauses findet sich der Friedenssaal (Friedensschluss im Dreißigjährigen
Krieg) und die Schatzkammer. Im September 1944 wurde das Rathaus bei einem Bombenangriff beschädigt. Der 1947 begonnene
Wiederaufbau wurde zur 300-Jahr Feier des Westfälischen Friedens im Oktober 1948 beendet.

Baustil: Spätgotik, **Adresse:** Markt 30

Historisches Rathaus (Ende 16. Jahrhundert) ❖

Das alte Rintelner Rathaus geht bis auf das 13. Jahrhundert zurück. Ende des 16. Jahrhunderts wurde es im Stil der Weser-Renaissance mit Bruchsteinfassade umgestaltet und blieb seither unverändert. Die Stadtverwaltung ist mittlerweile längst in ein neues Gebäude umgezogen, das alte Rathaus dient heute noch als Restaurant und Veranstaltungsgebäude.

Baustil: Weser-Renaissance, **Adresse:** Klosterstraße 19

Altes Rathaus (1476) ❖

Das 1476 errichtete Rathaus blieb vom großen Stadtbrand des Jahres 1819 verschont. Im 19. Jahrhundert wurde es verputzt, das Fachwerk 1926 jedoch wieder freigelegt. Weil die Räumlichkeiten zu eng waren, zog die Verwaltung 1972 aus. In den Jahren 2002 bis 2006 wurde das Gebäude umfangreich saniert. Heute finden sich hier die Tourist-Information und ein Trauzimmer.

Baustil: Gotik, **Adresse:** Lange Straße 1

4. Nordrhein-Westfalen

Die höchste Dichte an sehenswerten historischen Rathausgebäuden findet sich innerhalb von NRW in Ostwestfalen-Lippe. Hier gibt es einerseits Rathäuser im ansprechenden Weserrenaissancestil (Beispiel Paderborn) und andererseits sehenswerte Fachwerkrathäuser, während sich Kriegszerstörungen in Grenzen hielten. Auch im Münsterland sind einige ansprechende Gebäude zu finden. Im Ruhrgebiet fehlt es, auch durch Kriegsverluste, an sehenswerten historischen Rathäusern. Die Fachwerkstadt Hattingen ist hierbei eine Ausnahme. Dasselbe gilt für den Niederrhein, wo hübsche Rathäuser eher in kleinen Städten wie Kalkar zu finden sind. Ein Kuriosum ist die bis 2011 durch eine Bürgerstiftung wiederaufgebaute Fassade des im Krieg zerstörten gotischen Rathauses von Wesel. Kölns Rathaus ist heute ein inkongruentes Wiederaufbau-Sammelsurium. Hier beeindruckt nur der figurenreiche Rathausturm von 1414.

Bemerkenswerte Rathäuser außerhalb der Liste der Top 100:

| Hattingen, Altes Rathaus (1420) | Köln, Rathausturm (1414) |
| Wesel, Rathausfassade (2011) | Kalkar, Rathaus (1446) |

Rathaus (1349) ◆ 📄

Das Aachener Rathaus wurde in der ersten Hälfte des 14. Jahrhunderts auf den Grundmauern eines Palastbaues aus der Karolingerzeit errichtet. Der Aachener Stadtbrand des Jahres 1656 zerstörte einen Teil der Dächer und Türme. Diese wurden im barocken Stil wieder errichtet. Um 1730 fand eine weitere barocke Umgestaltung statt, die vor allem die Vorderfassade und Treppenanlage betraf. 1883 kam es zu einem weiteren Brand, der den Dachstuhl und die beiden Türme zerstörte. 1902 wurde das wieder aufgebaute Rathaus wieder eingeweiht. Im Zweiten Weltkrieg kam es zu einer erneuten Zerstörung des Dachstuhls und der beiden Türme. Bis 1978 wurden Türme nach historischen Vorbildern, die sich nach Entwürfen des Stadtkonservators Leo Hugot richteten, wieder aufgebaut.
☞ Das Rathaus habe ich bereits mehrfach besucht. Interessant darin auch die Ausstellung der Friedenspreisträger.

Baustil: Gotisch, **Adresse:** Markt

Anholt

Altes Rathaus (1567) ❖ 📄

Anholt war einst eine selbstständige Gemeinde mit eigenem Rathaus. Heute ist Anholt ein Ortsteil der Stadt Isselburg. Das repräsentative Rathaus mit Freitreppe und schmalen, säulenartigen Giebeltürmchen steht jedoch weiter in der Mitte von Anholt.

Baustil: Renaissance, **Adresse:** Markt 14-16

Historisches Rathaus (1547) ❖

Der 1545-47 im spätgotischen Stil erbaute Bruchsteinbau bekam in den 1580ern einen Giebel in der Formensprache der Weserrenaissance. Anfangs diente er auch als Trinkstube, Hochzeits- und Tanzhaus, als Gerichtszimmer und bot Lagerräume für Leinen und Zehntkorn. 1859-60 erhielt die Vorderseite einen neugotischen Treppenaufgang. ☞ Als ich die Stadt wegen ihrer Fachwerkhäuser besuchte war das Rathaus eine zusätzliche schöne Entdeckung.

Baustil: Weserrenaissance, **Adresse:** Am Markt 26

Bensberg (Bergisch Gladbach)

Rathaus (1972) ◆ 🗎

Keine Stadt wurde so von den ausdrucksstarken Gebäuden Gottfried Böhms(1920-2021) geprägt wie Bergisch Gladbach. Das wohl berühmteste, aber auch umstrittenste Gebäude Böhms in der Stadt ist der international beachtete Umbau des Alten Schlosses von Bensberg zum Rathaus mit brutalistischen Elementen und einem auffälligen Treppenturm, im Volksmund ‚Affenfelsen‘ genannt. ☞ In der ersten Ausgabe meines Buch zu Gebäudebeinamen hatte ich den ‚Affenfelsen‘ auf dem Cover.

Baustil: teilw. Brutalismus, **Adresse:** Wilhelm-Wagener-Platz

Altes Rathaus (1738) ❖🖺

Der kurfürstliche Hofbaumeister **Michael Leveilly** erbaute das Alte Rathaus von 1737 bis 1738. Es wurde jedoch erst 1780 zur Gänze fertiggestellt. Das symmetrische Rokokogebäude hat eine Freitreppe und darüber sieben Fensterachsen gekrönt von einem Mansarddach. Beeindruckend ist das sehr groß und farbig ausgeführte alte Bonner Stadtwappen zwischen den Dachgauben. Das moderne Stadtwappen ist auf der Fahne zu sehen, die über dem Rathaus weht. Das Rathaus wurde 1944 durch einen Bombenangriff zerstört, jedoch 1949-50 wieder aufgebaut. Bis 1978 wurde es als Rathaus genutzt, seither dient es repräsentativen Zwecken. 2010-2011 wurde es saniert.

Baustil: Rokoko, **Adresse:** Marktplatz

Blomberg

Rathaus (1587) ◆ 📄

Das 1586 bis 1587 errichtete **Rathaus** zeichnet sich durch zwei Geschosse mit Putzfassaden aus, auf denen ein Fachwerk-Halbgeschoss mit drei Zwerchgiebeln sitzt, was ein ungewöhnliches Erscheinungsbild ergibt. An der rechten Seite reicht die Fachwerkfassade ein Stockwerk weiter hinunter. An der Rückseite des Gebäudes findet sich ein 1904 errichteter eklektizistischer Anbau.

Baustil: Renaissance, **Adresse:** Marktplatz 1

Historisches Rathaus (13. Jahrhundert) ◆

Die ältesten Teile des Rathauses von Brakel stammen aus dem 13. Jahrhundert. Es besitzt einen Treppengiebel, welcher von gotischen Vierpässen durchbrochen ist. Das im Renaissance-Stil gehaltene Portal stammt aus dem Jahre 1573. ☞ Brakel ist eine kleine ostwestfälische Stadt, welche am Marktplatz. mehrere Gebäude mit Putzfassade und Treppengiebel aufweist.

Baustil: Renaissance, **Adresse**: Am Markt 12

Rathaus (1618) 🖺

Das **Rathaus von Höxter** stammt vermutlich aus dem 12. Jahrhundert und gehört damit zu den ältesten Rathäusern Nordwestdeutschlands. Im Mittelalter diente es jedoch auch als Markt- und Tuchhalle und als Gerichtsort. Auf ein rechteckiges Bruchsteingebäude wurde 1608-18 ein Fachwerkobergeschoss mit vorkragendem Giebel aufgesetzt. Ein in dieser Zeit entstammender markanter dreigeschossiger Treppenturm weist ebenfalls teilweise eine Fachwerkfassade auf. Die Stadtverwaltung ist in den 1960er Jahren ausgezogen. Heute finden sich im Gebäude die Tourist-Information der Stadt und eine Bar und es finden dort Veranstaltungen statt.

Baustil: Weserrenaissance, **Adresse:** Weserstraße 11

Lemgo

Rathaus (14. Bis 17. Jahrhundert) ◆ 🗎

Das Rathaus von Lemgo ist ein organisch gewachsener Komplex verschiedener Gebäudeteile und Stilepochen. Ursprung war ein langgestreckter Saalgeschossbau. Im 16. Jahrhundert wurde das Gebäude erweitert und bekam eine Rathausfassade. Der Nordteil wird heute durch eine Apotheken-Auslucht im Weserrenaissancestil geprägt.

Baustil: Gotik, Weserrenaissance, **Adresse:** Marktplatz 1

Rathaus (14. Jahrhundert) ◆ 🖹

Das Rathaus wurde im Oktober 1944 von Bomben getroffen und brannte aus. Auch der stehen gebliebene Schaugiebel fiel alsbald zusammen. 1950 begann der Wiederaufbau. Bis 1954 wurde die Giebelfassade wieder errichtet. Im Oktober 1958, zum 310 Jahrestag des Westfälischen Friedens, wurde das Gebäude fertiggestellt. Berühmt ist das Rathaus durch den Frie-  denssaal. Für den Westfälischen Friedensprozess 1643-1648, der den Dreißigjährigen Krieg beendete, waren Münster und Osnabrück wichtige Verhandlungsstädte. ☞ An der Mauer im Bild unten ein Schild mit einem Zukunfts-Datum, welches im Rahmen einer Kunstaktion vom Künstler alle 4 Jahre ausgetauscht wird.

Baustil: gotisch, **Adresse:** Prinzipalmarkt 10

Rathaus (1930) ◆

Das zwischen 1927 und 1930 errichtete wuchtige Gebäude zeigt Merkmale des Backsteinexpressionismus und des Neuen Bauens. Entworfen hatte den Bau **Ludwig Freitag**, ein Schüler **Friedrich Pützers**. Freitag griff einige Ideen von Pützer auf, der einen ersten Entwurf vorgelegt hatte, aber bereits 1922 starb. Das Rathaus steht auf einem Hügel, was seine Monumentalität unterstreicht, und ist mit dem darunter gelegenen Grillo-Park eindrucksvoll durch Terrassen und Freitreppen verbunden.

Baustil: Neues Bauen, Backsteinexpr., **Adr.:** Schwartzstraße 72

Paderborn

Rathaus (1620) ◆ 🖹

Das Rathaus von Paderborn gilt als bedeutendes Beispiel der Weserrenaissance. Im Zweiten Weltkrieg wurde es fast völlig zerstört. Von 1948-1957 wurde es wieder aufgebaut. Während innen historische Treppen durch Stahlbetontreppen ersetzt werden mussten, wirkt das äußere Erscheinungsbild wieder historisch authentisch. Die spitzen, fein geschwungenen Giebel im Zusammenspiel mit der klaren Geometrie modularer Fenster ergeben eine interessante Anmutung, die zudem durch Erdgeschossarkaden nach italienischem Vorbild bereichert wird.

Baustil: Weserrenaissance, **Adresse:** Rathausplatz 1

Rathaus (1805) ◆

Das **Rathaus von Rietberg** mit seinem Schieferdach zeigt überwiegend eine relative einfache, orthogonale Fachwerkstruktur. Zu einem Schmuckkästchen wird es jedoch durch die markanten Treppenaufgänge, die ebenfalls eine Fachwerkfassade aufweisen, allerdings durch die schräge Anordnung mit interessantem Erscheinungsbild. Es gilt als eines der schönsten Rathäuser Westfalens.

Adresse: Rathausstraße 31

Rathaus Gräfrath (1908) 📄

Das ehemalige Rathaus der einst selbstständigen Stadt Gräfrath wurde 1907-1908 nach Plänen des Architekten **Arno Eugen Fritsche** im Neubergischen Stil erbaut. Gestaltungselemente des Jugendstils flossen dabei ein. Heute dient das Gebäude als Kunstmuseum. ☞ Einst sammelte ich Kunstmuseen und besuchte das Rathaus, um eine Ausstellung zu besuchen.

Baustil: Neubergischer Stil/Jugendstil, **A.:** Wuppertaler Str. 160

Rathaus (1579) ◆ 🗎

Das Fachwerk-**Rathaus** von Schwalenberg (Ostwestfalen-Lippe) wurde 1579 erbaut. Mit seiner reicht verzierten Fassade gilt der Gebäudekomplex im Stil der Weserrenaissance mit seinen vier Teilgebäuden als bedeutendstes Bauwerk des kleinen Ortes, der heute Stadtteil der Gemeinde Schieder-Schwalenberg ist. Schwalenberg hat sich einst als Malerstadt einen Namen gemacht.

Baustil: Weserrenaissance, **Adresse:** Marktstraße 7

Rathaus Vohwinkel (1898) 📄

Als das Rathaus 1897-98 gebaut wurde, war Vohwinkel, heute ein Wuppertaler Stadtbezirk, noch eine selbstständige Stadt. Besonders der 38,5 m hohe Turm der historistischen Architektur fällt auf. Heute nutzen verschiedene Dienste das Gebäude, darunter auch die Freiwillige Feuerwehr.

Baustil: Historismus, Adresse: Rubensstraße 4

5. Rheinland-Pfalz

In Rheinland-Pfalz wurden die größeren Städte im Krieg stark zerstört. Entsprechend finden sich dort oft moderne Rathäuser, so das Hochhausrathaus von Kaiserslautern, bei der Eröffnung 1968 das höchste Rathaus Deutschlands, oder das vom renommierten dänischen Architekten Arne Jacobsen entworfene 1970-1974 erbaute Mainzer Rathaus.

In kleineren Städten dagegen finden sich noch viele historische Rathäuser. Zu den ansprechenden Fachwerkrathäusern gehört das des Eifeler Fachwerkdorfes Monreal (Bild unten links). Das Rathaus der heutigen Verbandsgemeinde St. Goar-Oberwesel wurde 1847-1850 dagegen im Stil einer Wehrburg gebaut. 1926-27 wurde es im Heimatstil umgebaut und ein Geschoss aufgestockt. Es beeindruckt durch seine Wuchtigkeit.

Bemerkenswerte Rathäuser außerhalb der Liste der Top 100:

Monreal (16. Jahrhundert)	Oberwesel (1850)

Deidesheim

Rathaus (2. Hälfte 16. Jahrhundert) ◆ 📄

Das Rathaus von Deidesheim, ein zweigeschossiger Putzbau mit Krüppelwalmdach, fällt durch die große zweiläufige Freitreppe auf, die 1724 errichtet wurde. Über dem erhöht liegenden Eingang erhebt sich auf zwei Säulen ein anmutiger Fachwerkaufsatz mit welscher Haube. ☞ Im unweit vom Rathaus gelegenen Deidesheimer Hof ließ Kanzler Helmut Kohl immer wieder ausländische Staatsgäste bewirten (zum Beispiel mit dem legendären Saumagen).

Baustil: Renaissance, **Adresse:** Marktplatz 1

Altes Rathaus (15. Jahrhundert) ◆

Das Fachwerk des **Alten Rathauses** zeigt ein komplexes Muster von Wilder Mann-Kreuzstreben, Andreaskreuzen und geschweiften Schrägstreben. Die Giebelaufbauten stammen aus dem Jahr 1709, der beschieferte Dachreiter ist mit einer Uhr versehen. Das Gebäude dient der Stadt Rhens immer noch als Verwaltungssitz.
☞Das für mich schönste Rathaus in Rheinland-Pfalz.

Baustil: spätgotisch, **Standort:** Hochstraße 15

6. Hessen

Hessen ist reich an hübschen Fachwerkstädten und viele davon haben auch ein ansehnliches Fachwerkrathaus. Da hier nicht der Platz ist, alle aufzunehmen, sind nur die prägnantesten berücksichtigt. Oft sind die Unterschiede nicht groß und die Wahl hätte auch anders ausfallen können. Unten rechts das sehenswerte Rathaus von Rauschenberg, das einen steinernen Treppenturm mit Fachwerkobergeschoss an der Westseite des Gebäudes sowie einen verschieferten Uhrturm aufweist und das aus Platzgründen nicht in die Top-100 Liste einging. Zu den bedeutenden hessischen Rathäusern, welche nicht in Fachwerk ausgeführt sind, gehört seit dem 15. Jahrhundert das Rathaus der Stadt Frankfurt. Während das mittlere Gebäude das eigentliche Haus zum Römer ist, wird heute der ganze Rathauskomplex so bezeichnet. Im Krieg blieben nur die Fassaden stehen, dahinter verbergen sich Bauten der 1950er Jahre. So bedeutend und bekannt der Römer ist, gehört der Gesamtkomplex dennoch nicht zwingend in die Liste der Top-100.

Bedeutende Rathäuser außerhalb der Liste der Top 100:

Butzbach (1559)	Frankfurt, Römer (15. Jahrh.)
Hessisch Lichtenau (1656)	Rauschenberg (16. Jahrhundert)

Rathaus (1516) ◆ 🗎

Das überwiegend in Fachwerk ausgeführte **Rathaus von Alsfeld** fasziniert durch eine bewegte Fassade mit auskragenden Geschossen, Knaggen, Erkern an der Trauf- und Giebelseite und einem steilen Schieferdach. Auf den Seitenerkern sitzen zudem spitze schieferbedeckte Turmhelme. Stilistisch ist das 1512-16 erbaute Rathaus dem Übergang von Gotik zur Renaissance zuzuordnen.
☞ Mit den anderen Gebäuden des historischen Marktplatzes bildet es ein eindrucksvolles, visuell dichtes Ensemble.

Baustil: Übergang Gotik/Renaissance, **Adresse:** Am Markt 1

Historisches Rathaus (1513) ◆ 🗎

Nachdem zwei Vorgängerbauten von Bränden vernichtet wurden, wurde das heutige dritte Rathaus von Frankenberg 1509-1513 errichtet. 1778 wurde das Rathaus zum Schutz des Fachwerks teilweise verschiefert. Später wurde es komplett verputzt. Ab 1927 bis 1959 wurde das ganze Fachwerk wieder freigelegt. Später wurde der obere Teil wieder verschiefert. ☞ Das bewegte Schieferdach mit den vielen Türmchen und die Kombination von Schiefer und Fachwerk machen das Gebäude interessant und geben ihm eine unwirkliche, märchenhafte Anmutung.

Baustil: spätgotisch, **Adresse:** Obermarkt 7-13

Rathaus (1109) ◆

Das Rathaus von Fritzlar ist offiziell als ältestes urkundlich er-
wähntes Amtshaus Deutschlands anerkannt. Es ist seit 1109 ununa-
terbrochen Sitz der Stadtverwaltung Fritzlars. Der Massivbau ist in
den Obergeschossen und im Dachbereich verschiefert. An der Fassade ist ein Steinrelief aus dem Jahr 1441 zu sehen. Es zeigt St.
Martin, den Schutzpatron der Stadt

Baustil: gotisch, **Adresse:** zwischen den Krämen 7

Altes Rathaus (vor 1500)

Die Barockstadt Fulda ist eher fachwerkarm. Das prächtige Fachwerkrathaus, welches im Kern aus der Zeit vor 1500 stammt und zwischen 1531 und 1782 als Rathaus genutzt wurde, sticht jedoch an zentraler Stelle hervor. Dabei sah es noch in den 1960er Jahren unansehnlich aus. Während in anderen Städten in dieser Zeit historische Architektur durch Neubauten ersetzt wurde, ging man in Fulda einen anderen Weg. 1968-70 wurde das Rathaus unter der Leitung des Architekten Ernst Kramer nach historischen Vorlagen aufwändig teilrekonstruiert. Es bekam wieder einen Giebel und die gotischen Türmchen wurden wieder errichtet.

Baustil: gotisch**, Adresse:** Unterm Heilig Kreuz 10

Altes Rathaus (1579) ❖

Das 1579 erbaute **Alte Rathaus** von Groß-Gerau mit seinem massiven Erdgeschoss zeigt reiches Renaissance-Zierfachwerk. Am linken Eck hängt ein Richtschwert herunter. Das Gebäude wurde 1909 und 1929 saniert und 1985/86 einer Totalrenovierung unterzogen. Am Rathaus die Bronzefigurengruppe „Hessedrescher".

Baustil: Renaissance, **Adresse:** Frankfurter Straße 12

Historisches Rathaus (1605) ◆

Das Renaissancegebäude wurde zwischen 1596 und 1605 durch den Architekten **Johannes Schoch** erbaut. Es zeigt ein prächtiges Sandsteinportal und schwungvolle Giebel. Zwei lebensgroße allegorische Figuren auf dem Dach stellen Justitia (Gerechtigkeit) und Prudentia (Klugheit) dar. Das Rathaus blieb im Zweiten Weltkrieg unzerstört und noch heute ist es Sitz der Stadtverwaltung.

Baustil: Renaissance, **Adresse:** Markt 1

Altes Rathaus (1639) ❖

Das **Rathaus von Hadamar** wurde 1639 für den Hofrat Andreas von Meuser errichtet, die Eingangslaube 1643. 1818 ging es in den Besitz der Stadtverwaltung über. Die Eingangslaube und auch der darüber liegende Erker zeigen geschnitzte und bemalte Figuren, an den Gebäudeecken sind geschnitzte und bemalte Holzsäulen zu sehen. Treppenaufgänge, Laube, Erker und Türmchen mit großer Uhr machen das Rathaus zu einem auffallenden Bau. Die Fassade war lange verputzt, das Fachwerk wurde nach einer Sanierung wieder freigelegt.

Adresse: Untermarkt 1

Deutsches Goldschmiedehaus (1538/1950er Jahre) 📄

Das **Deutsche Goldschmiedehaus** war das ehemalige Rathaus der Stadt Hanau und hieß deshalb auch **Altstädter Rathaus**. Erbaut wurde es 1538 im Übergang zwischen Spätgotik und Frührenaissance. Auf einem steinernen Sockelgeschoss wurden zwei Fachwerketagen errichtet, die von steinernen Giebelwänden eingefasst werden. Im Zweiten Weltkrieg brannte das Gebäude bis auf die Grundmauern nieder. Die steinernen Giebelwände blieben jedoch erhalten. In den 1950er Jahren wurde das Gebäude rekonstruiert. Heute wird es als Museum rund um das Thema Goldschmiedekunst genutzt. In der im Krieg stark zerstörten Stadt Hanau heute eines der schönsten Innenstadt-Gebäude.

Baustil: spätgotisch, Frührenaissance, **Adr.:** Altstädter Markt 6

Heppenheim

Rathaus (1706) ❖ 🖹

Nach der Zerstörung des 1551 errichteten Vorgängerbauwerks im Pfälzischen Erbfolgekrieg von 1693 wurden auf das erhalten gebliebene Erdgeschoss in den Jahren 1705-06 zwei Fachwerketagen aufgesetzt, die allerdings erst 1910 von ihrer Schieferverkleidung befreit wurden. Die interessante Gliederung mit verputztem Erdgeschoss mit Sandsteinelementen, zwei Fachwerketagen mit komplexem Muster und einem Schieferdach, über den ein verschieferter Turm mit dem Zifferblatt einer großen Turmuhr hinausragt, trägt heute zum ansprechenden Erscheinungsbild ein. An beiden Seiten des Rathauses stehen weitere Fachwerkhäuser, was zum pittoresken Bild des Rathausplatzes beiträgt.

Baustil: Renaissance, **Adresse:** Großer Markt 1

55

Homberg (Ohm)

Rathaus (1539) 📄 ❖

Das massive Erdgeschoss des 1539 erbauten Rathauses trägt zwei Fachwerkgeschosse und einen dreigeschossigen schieferbedeckten Dachstuhl. Drei der ursprünglich vier Ecktürmchen wurden bei der Restaurierung 1965 bis 1968 rekonstruiert. Auf dem Satteldach sitzt ein sechsseitiger verschieferter Dachreiter. Obwohl das Rathaus in der Renaissancezeit errichtet wurde, zeigt es eine schmucklose Fachwerkstruktur mit sogenannten Alsfelder Streben.

Baustil: Spätrenaissance, **Adresse:** Frankfurter Straße 43

Historisches Rathaus (1450) ❖

Kirchhains spätmittelalterliches Rathaus wurde 1450 erbaut und wird noch heute von der Stadt genutzt. Alle Geschosse und der Giebel mit der großen Uhr zeigen eine Fachwerkfassade. Die letzte Sanierungsrunde (Kosten 2 Millionen €) wurde im Jahr 2003 abgeschlossen. ☞ Gehört zu meinen Lieblingsfachwerkrathäusern.

Baustil: spätgotisch, **Adresse:** Am Markt 1

Rathaus (um 1560) ❖ 📄

Das um 1560 errichtete **Rathaus von Melsungen** mit seinen drei vorkragenden Geschossen zeichnet sich durch schiefergedeckten Ecktürmchen aus. Zusätzlich sitzt auf dem Dach ein Uhrtürmchen. Das Rathaus steht frei im Zentrum der Stadt, hat aber auf der Rückseite einen verschieferten Anbau. 1826 wurde das Gebäude komplett verputzt. Beim letzten großen Umbau im Jahre 1927/28 wurde der Putz wieder entfernt und das Fachwerk kam wieder zum Vorschein. Noch heute wird das Gebäude von der Stadtverwaltung genutzt.

Baustil: Renaissance, **Adresse:** Am Markt

Historisches Rathaus (1484)

Am **Rathaus** von Michelstadt ist in gotischen Ziffern zu lesen, dass es bereits im Jahr 1484 erbaut wurde. Es zählt zu den bedeutendsten spätmittelalterlichen Fachwerkgebäuden Deutschlands. Zu den besonderen Merkmalen gehört das steile Dach, die hohen spitzen Erkertürmchen und die offene Erdgeschosshalle mit den wuchtigen dunklen Eichenpfosten. Der Name des Architekten ist nicht überliefert. Die Fassade hat sich im Laufe der Zeit verändert. 1743 wurde sie verschindelt, 1903 das Fachwerk wieder freigelegt. Die Uhr an der Westfassade kam erst 1892 hinzu.

Baustil: spätgotisch, **Adresse:** Marktplatz 1

Altes Rathaus (1700)

Das Alte Rathaus von Niederbrechen wurde 1700 als Zehnthaus erbaut. Von Anfang des 19. Jahrhunderts bis 1977 diente es der Gemeinde als Rathaus. 2003 wurde für die Sanierung der Hessische Denkmalschutzpreis verliehen.

Adresse: Rathausstraße 17

Altes Rathaus (spätes 15. Jahrhundert) 📄

Das **Alte Rathaus** der kleinen pittoresken Fachwerkstadt Orten-berg verfügt über ein Obergeschoss aus dem späten 15. Jahrhundert und einen verschieferten Dachreiter aus der ersten Hälfte des 19. Jahrhunderts.

Adresse: Steingasse 1

Historisches Rathaus (um 1550) ❖

Das **historische Rathaus** von Neustadt zeigt sich nach einer kürzlich durchgeführten Sanierung in perfekten Zustand. Auf einem Bruchsteinsockel sitzen zwei Fachwerkgeschosse. Das obere kragt leicht vor. Auf dem Schieferdach sitzen zwei in spitzen schiefergedeckten Türmchen auslaufende Zwerchhäuser.

Adresse: Am Markt 1

Zierenberg

Rathaus (1450) ◆ 🗎

Das Zierenberger Rathaus ist der älteste datierte Fachwerkbau
Hessens. Das Erdgeschoss ist in der älteren Ständerbauweise
errichtet worden, mit einfachem gotischen Fachwerkmuster (rechte
Winkel, Andreaskreuze). Das Obergeschoss kragt aus und zeigt in
der Brüstung umlaufende Andreaskreuze. Das Gebäude ist mit
einem hohen, weitgehend verschieferten Walmdach bedeckt.

Baustil: spätgotisch, **Adresse:** Poststraße 20

7. Baden-Württemberg

Baden-Württemberg ist reich an Fachwerkrathäusern. Markante Fachwerkgebäude, welche als Rathäuser dienen, finden sich etwa in Esslingen, Markgröningen, Besigheim und in vielen weiteren Städten des Landes. In größeren Städten überwiegen jedoch massive und neuzeitliche Gebäude, da die Verwaltung kaum in einem Fachwerkhaus unterzubringen ist. In Heilbronn (Bild unten) wurde das historische Rathaus im 2. Weltkrieg zerstört, der Hauptbau bis 1953 in historischer Anmutung jedoch wieder aufgebaut. Zu den kleineren Städten mit interessanten, nicht in Fachwerk ausgeführten Rathäusern gehören Schwäbisch Hall mit seinem 1735 erbauten Barockrathaus (Bild unten). Dieses brannte im April 1945 nach einem Bombentreffer aus, wurde jedoch bis 1955 wieder aufgebaut. Das Rathaus von Weil der Stadt wurde 1582 im Renaissancestil erbaut. Vor dem Rathaus ein Denkmal des Astronomen Johannes Kepler, dem größten Sohn der Stadt. Das Rathaus von Grünsfeld gilt als eines der schönsten von Württembergisch-Franken.

Bedeutende Rathäuser außerhalb der Liste der Top 100:

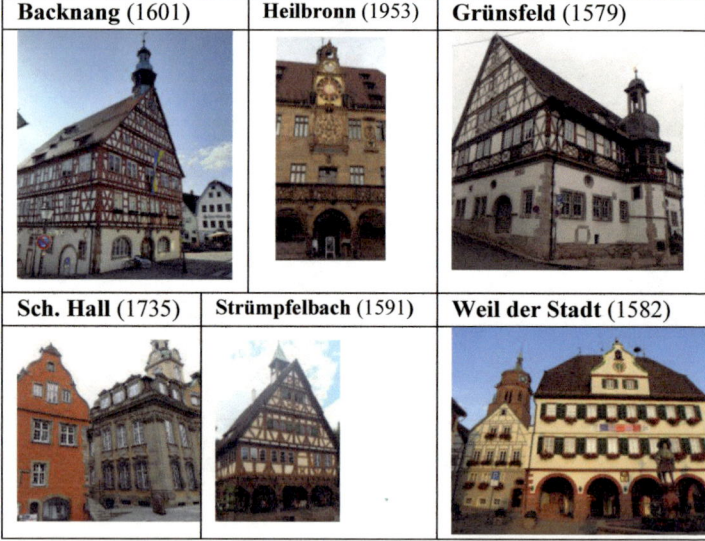

| Backnang (1601) | Heilbronn (1953) | Grünsfeld (1579) |
| Sch. Hall (1735) | Strümpfelbach (1591) | Weil der Stadt (1582) |

Altes Rathaus (1458) ❖

Das 1458 im Fachwerkstil der Zeit der Gotik mit Mann-Formen erbaute Rathaus von Altensteig zeigt sich zurzeit im frisch renovierten Zustand. Es hat ein Krüppelwalmdach, seinen Giebel ziert eine große Uhr. ☞ Es erinnert ein bisschen an ein Fachwerktypenhaus einer Modellbahnanlage,

Baustil: gotisch, **Adresse**: Rathausplatz 1

Bad Waldsee

Rathaus (1426) ◆

Das Rathaus von Bad Waldsee wurde 1426 unter Bürgermeister **Ulrich Kudrer** erbaut und Kudrer war auch der Baumeister. Bad Waldsee hatte damals nur 500 Einwohner. Der Rathausbau war auch eine Reaktion auf die waldburgische Pfandherrschaft und sollte in seiner Größe neben dem Schloss und der Stiftskirche bestehen können. Der dramatisch hohe Giebel optisch verstärkt durch schmale gotische Fenster und gekrönt durch eine Glocke, beeindrucken noch heute.☞ Der Platz ist visuell sehr beeindruckend.

Baustil: gotisch, **Adresse:** Hauptstraße 29

Rathaus (1459) ◆

Das 1459 erbaute **Rathaus** der gut erhaltenen, auf einem Höhenrücken zwischen Neckar und Enz gelegenen mittelalterlichen Altstadt von Besigheim, beeindruckt durch die durch das Giebeltürmchen betonte Gebäudehöhe sowie Details wie der großen Uhr und dem überdachten Erkerbalkon im ersten Stock.

Rathaus. Ursprünglich Kaufhaus der Stadt mit Fronwagen, Gerichtslaube und Fruchtkasten. 1459 Baugenehmigung durch Markgraf Karl von Baden. Im zweiten Stock bemalte Stein- und Bohlenwände von 1571... „Alemannisches Fachwerk", 1976/77 bei der Sanierung freigelegt und erneuert. Uhr aus dem 17. Jh. Balkon 1901.

Baustil: gotisch, **Adresse:** Marktplatz 12

Rathaus (1507) ◆

Das Bietigheimer Rathaus ist eigentlich ein spätgotischer Fachwerkbau. Seit er ab 1780 verputzt und bemalt wurde ist er jedoch nicht mehr fachwerksichtig. Im 18. Jahrhundert kam am Erkertürmchen auf der Vorderseite zudem eine Kunstuhr dazu, die sogar über eine astronomische Anzeige verfügt.

Baustil: spätgotisch, **Adresse:** Marktplatz 8

Rathaus (1422) ◆ 🖹

Das prächtige Rathaus in der historischen Altstadt von Esslingen zeigt zum Rathausplatz eine verputzte Renaissancefassade. Zu den anderen Seiten zeigt es sich als Fachwerkhaus mit der charakteristischen Fachwerkstruktur *des Schwäbischen Mannes*. Auf einen Ständerbalken laufen schräg weiter Balken zu, was an die Silhouette eines Menschen mit ausgetreckten Armen und Beinen erinnert. Der *Schwäbische Mann* weist sowohl oben als auch unten komplexe Abwinkelungen auf.

Baustil: gotisch/Renaissance, **Adresse:** Rathausplatz 1

Gengenbach

Rathaus (1780) ◆ 📄

Gengenbach wirkt heute wie eine in ihrer historischen Architektur perfekt erhaltene Touristen-Puppenstube. Erstaunlich jedoch, dass der rechte Gebäudetrakt des Rathauses im Zweiten Weltkrieg zerstört wurde. Er wurde 1946-50 wieder aufgebaut. Heute ist das Rathaus dafür bekannt, dass jedes Jahr in der Weihnachtszeit die 24 Fenster der Vorderseite als Adventskalender dienen. ☞ Bei einem Besuch in der Adventszeit 2024 war der Rathauskalender für mich nicht ganz so beeindruckend, wie erwartet.

Baustil: Rokoko/Klassizismus, **Adresse:** Victor-Krenzstr. 2

70

Großbottwar

Rathaus (1556) ◆

Das bis 1556 erbaute Rathaus von Großbottwar mit seinen sechs auf einem Sandsteinsockel sitzende Fachwerkgeschossen fällt durch seine Größe und Höhe und die kleinen Fenster, teilweise mit Butzenscheiben, auf. Früher waren im Gebäude offene Lauben für Stadtbäcker, ein Tanzsaal und ein Gerichtssaal untergebracht. 1776 wurde an der Fassade eine Uhr angebracht. 1984-86 wurde das Rathaus für einen Betrag von 3.2 Millionen DM (1.6 Millionen Euro) saniert.☞ Beeindruckend hoher Bau.

Baustil: Renaissance, **Adresse:** Marktplatz 1

Markgröningen

Rathaus (1441) ◆ 📄

Das Rathaus der einstigen Amtsstadt Grüningen (heute Markgröningen) wurde 1441 als Kaufhalle, Gerichts- und Ratsgebäude erstellt. Bald wurde die Architektur des 26 m hohen Gebäudes mit seinem Glockentürmchen und den Wilder Mann-Fachwerkstreben gerühmt. Hans Grüninger schrieb 1527 darüber: *„Rathaus von Holz gemacht, des gleichen wohl nicht gefunden wird"*. Es wird heute zu den schönsten Fachwerkhäusern Deutschlands gezählt.

Baustil: gotisch, **Adresse:** Marktplatz 1

Rathaus (1563) ◆

Das Rathaus wurde 1563 unter Bürgermeister Dionys Ruoff erbaut und war anfangs Rathaus und Kaufhaus. An der Giebelseite ist noch heute der Pranger zu sehen. Im Giebel findet sich eine recht große Uhr. Ein Glockenspiel an der Fassade läutet 3x am Tag. Auf dem Dach des Gebäudes ist ein Storchennest zu sehen.

Baustil: Renaissance, **Adresse**: Marktstraße 1

Neckartaiflingen

Altes Rathaus (1666) ❖

Das mit 1666 bezeichnetes Alte Rathaus zeigt Zierfachwerk im Stil der Spätrenaissance. Heute findet sich hier das Standesamt der Gemeinde Neckartaiflingen. ☞Ein Renaissance-Kleinod.

Baustil: Spätrenaissance, **Adresse:** Nürtinger Straße 2

Rathaus (1657) ◆

Die kleine Stadt Neuffen besitzt ein recht großes Fachwerkrathaus aus dem Jahre 1657 mit gelblich bemalten Balken und einem komplexen Giebel mit kleinen Fensterchen und einem Dachreiter. Ein Schild am Gebäude informiert:

> 1634 im Dreißigjährigen Krieg beim Stadtbrand völlig zerstört 1657 Wiederaufbau. Im Mittelalter zentraler Platz unter den Arkaden als Gerichts- und Marktort. Im 1. Stock Halle für Versammlungen. Im 2. Stock Kanzlei des Schultheißen und der Stadtpflege.

Adresse: Hauptstr. 19

Rathaus (1686) ◆

Der Treppenaufgang, die spinnwebartige Fachwerkstruktur und der Dachreiter geben dem **Steinheimer Rathaus** ein markantes Aussehen. Der steinerne Sockel des Rathauses wurde 1578 errichtet. Das Fachwerk wurde nach einem Brand bis 1686 neu aufgebaut. Im Haus gab es ein Salzkontor, in welchem Salzhandel für umliegenden Gemeinden betrieben wurde. Durch die Lage unweit des Flusses Murr gab es immer wieder Überschwemmungen, was an den Hochwassermarken am Rathaus deutlich wird.
☞ Eines der eigentümlichsten Fachwerkrathäuser Württembergs.

Adresse: Ludwigsburger Str. 4

Rathaus (1435) ◆ 📄

Das Tübinger Rathaus diente vom 15. bis Anfang des 19. Jahrhunderts als Hofgericht des Landes Württemberg. Die Fassade zeigt einen kleinen Erker und ist reich bemalt. Die Sgraffitobemalung von Ludwig Lesker wurde jedoch erst 1876 und im Stil der Gründerzeit-Neorenaissance angebracht. Das Zwerchhaus im Barockstil enthält zudem eine astronomische Uhr.☞ Oberbürgermeister Boris Palmer bringt Tübingen und sein Rathaus immer wieder in die Schlagzeilen.

Baustil, Gotik, Barock, Neorenaissance, **Adresse:** Am Markt 1

Rathaus (14. und 15. Jahrhundert) ◆

Das noch heute von der Stadtverwaltung genutzte Gebäude besteht aus dem alten Rathaus (Bild unten links), welches Anfang des 14. Jahrhunderts errichtet wurde und den um 1490 errichteten Erweiterungsbau, dem neuen Rathaus (im Bild rechts), das durch seine aus Rustikaquadern bestehende Vorderseite und den Pfennigturm ein markantes Aussehen hat. In den 1950er Jahren brachte man an der Fassade des alten Rathauses ein Natursteinmosaik von Hans Baumhauer an.

Baustil: gotisch und Renaissance, **Adresse:** Münsterstraße 15

Historisches Rathaus (1721) ◆

Viele Bauepochen haben im Wangener Rathaus ihre Spuren hinterlassen, die ältesten Bestandteile stammen aus der staufischen Zeit (frühes Mittelalter, um 1200). Im 15. Jahrhundert wurde das Rathaus mehrfach umgebaut und erweitert. 1721 erhielt das Rathaus die noch heute prägende zum Marktplatz zeigende Barockfassade. Die Seite zur Unterstadt zeigt jedoch weiterhin ein spätgotisches Bild. Die Rauchsche Stadtansicht von 1611 im Treppenraum inspirierte lange die Stadtsanierung, die das historische Bild zu bewahren versuchte. ☞ Unweit meiner Heimatstadt Isny gelegen, gilt Wangen fast als perfekte kleine Reichstadt-Puppenstube.

Baustil: spätgotisch, Barock, **Adresse:** Marktplatz 1

Rathaus (14-16. Jahrhundert) ◆ 🖹

Wie viele andere Rathäuser hat auch das Ulmer eine komplexe
Baugeschichte, welche sich über mehrere Jahrhunderte erstreckt.
Die ältesten Gebäudeteile wurden Mitte des 14. Jahrhundert errichtet, jedoch später wieder abgerissen. Der 1370 erbaute Ostflügel
existiert jedoch heute noch. Erhebliche Umbauten und Erweiterun-
gen erfolgten im 15. Jahrhundert und um 1540. Aus dieser Zeit
stammt auch die Fassadenbemalung der Nord- und Ostseite.1898
bis 1905 wurde das Rathaus renoviert und die stark verblichene
Fassadenbemalung erneuert. An der Südfassade, an welcher sich
keine Bemalung erhalten hatte, wurden historistische Wandmale-
reien angebracht. Im Zweiten Weltkrieg wurde das Rathaus im In-
neren zerstört, die Fassade mit ihren Wandgemälden blieb jedoch
erhalten
Baustil: Frührenaissance, **Adresse**: Marktplatz 1

8. Bayern

In Bayern gibt es große regionale Unterschiede in den Architektur-typen. Während Franken eine Fachwerkregion ist, sind Fachwerk-häuser in Altbayern kaum zu sehen. Eine Besonderheit im Südos-ten Bayerns ist die Inn-Salzach-Bauweise mit so weit nach oben gezogener Häuserfront, dass das Dach verborgen bleibt (Beispiel: Rathaus von Neuötting). Teile des Regierungsbezirkes Schwaben zeigen Fachwerkarchitektur, so Oettingen im Ries mit seinem Fachwerkrathaus (unten rechts). In der Oberpfalz überwiegen Putz-fassaden (Rathaus Burglengenfeld) In Franken ist neben dem Fachwerk der Sandstein verbreitet. Nürnberg hat ein prächtiges 1616-1622 erbautes Sandsteinrathaus im Renaissancestil, welches im Zweiten Weltkrieg stark beschädigt, jedoch wieder aufgebaut wurde. Die städtebauliche Situation an dieser Stelle der Altstadt ist jedoch durch Straßen und Kirchenbauten beengt. Es fehlt ein Platz, von welchem aus man den Bau in Gänze betrachten kann und wo er seine volle Wirking entfalte kann.

Weitere bedeutende Rathäuser

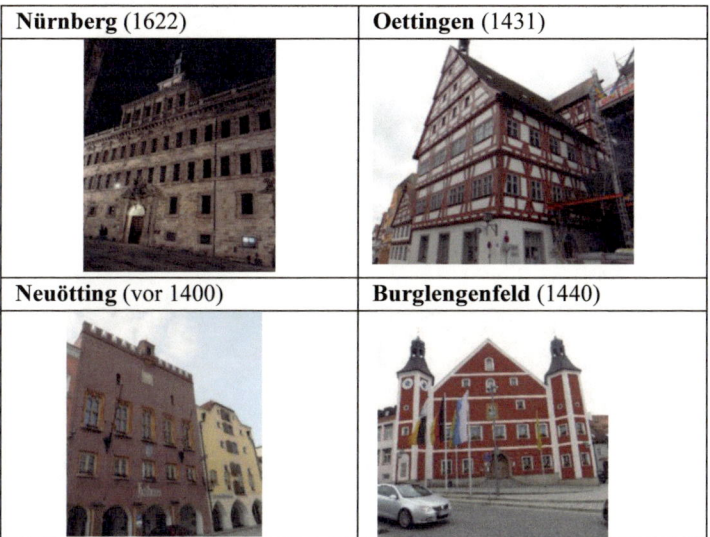

Nürnberg (1622)	Oettingen (1431)
Neuötting (vor 1400)	Burglengenfeld (1440)

Rathaus (1624) ◆ 🗎

Das von **Elias Holl** entworfene, 1615-1624 erbaute Rathaus gehört zu den bedeutendsten Renaissance-Bauten nördlich der Alpen. Im Zweiten Weltkrieg wurde das Rathaus von Bomben getroffen und brannte innen völlig aus. Äußerlich in historischer Form rekonstruiert wurde es innen nur vereinfacht wieder aufgebaut. Der im Krieg zerstörte Goldene Saal wurde in den 1980er Jahren schließlich originalgetreu wieder hergestellt.
☞ Das Gebäude überzeugt durch seine Wohlproportioniertheit.

Baustil: Renaissance, **Adresse:** Rathausplatz 2

Altes Rathaus mit Rottmeisterhäuschen (1368) 📄

Das **Alte Rathaus** Bambergs wurde in den Fluss Regnitz gebaut und markierte so die Herrschaftsgrenze zwischen bischöflicher Berg- und bürgerlicher Inselstadt. Ursprünglich im gotischen Stil errichtet, wurde es 1744 bis 1756 im Stil des Barock und Rokoko umgestaltet. In dieser Zeit erhielt es auch seine Fassadenmalereien. Über dem Fluss schwebend an das Rathaus angebaut ist das 1368 erbaute **Rottmeisterhäuschen.** Das Der Fachwerkbau diente den Führern der Wachmannschaften (Rotten) als Unterkunft.

Baustil, gotisch, Barock, **Adresse:** Obere Brücke

Bad Staffelstein

Rathaus (1687) ◆ 🗎

Nachdem das Rathaus 1684 bei einem Brand stark beschädigt worden war, wurde es 1684 bis 1687 unter Verwendung der erhalten gebliebenen Erdgeschossmauern mit zwei Fachwerkobergeschossen wieder errichtet. Der Dachstuhl bekam zudem einen Dachreiter und ein Zwerchhaus mit Uhr. Mitte des 18. Jahrhunderts wurde ein neues Eingangsportal angelegt und das Gebäude wurde barockisiert. An der Frontseite findet sich heute eine Gedenktafel für den in Staffelstein geborenen Mathematiker Adam Ries(e).

Baustil: teilweise barockisiert, **Adresse:** Marktplatz 1

Burgkunstadt

Rathaus (1690) ◆ 🖺

Am Rathaus von Burgkunstadt ist auf einer Tafel zu lesen:

> *Erbaut 1689/90 von Zimmermeister Jörg Hoffmnn*
> *Baumeister Hans Gebelein.*
> *Renoviert und erweitert von 1976-1980*
> *Fachwerk- und Gebäudesanierung 2007 bis 2009.*

Laut Wikipedia gehört der barocke Fachwerkbau zu den bedeutendsten Leistungen fränkischer Zimmermannskunst um 1700. Reste der Burgkunstadter Burg bilden die Basis der beiden weiß verputzten Sockelgeschosse. 1690 fand die Erweiterung um die Fachwerkobergeschosse mit Giebelerker statt.

Baustil: Barock, **Adresse:** Vogtei 5

Coburg

Rathaus (1580) ◆ 📄

Das Coburger Rathaus ist ein Renaissance-Gebäude, welches vom Baumeister **Hans Schlachter** 1577-1580 neben dem gotischen Alten Rathaus errichtet wurde. 1750 bis 1752 erhielt das Gebäude eine Rokokofassade mit farbigem Putz und einen auffälligen Erker. 1901 bis 1904 wurde die Erdgeschossfassade mit Neubarock-elementen umgestaltet. Das Rathaus überstand den Krieg unversehrt. ☞ die farbige Pracht der Fassade beeindruckt.

Baustil: Rokoko, **Adresse:** Markt 1

Rathaus (1692) ❖ 🗎

Der 1687-92 von **Hans Kummer** errichtete giebelständieg Krüppelwalmdachbau zeigt Zierfachwerk in den Obergeschossen und im Giebelbereich sowie einen polygonalen Dachreiter. ☞Ich besuche Ebern, um den Friedrich Rüeckert-Rundgang zu begehen und stoße auf das Rathaus, welches eine so breite Fachwerkfassade hat, dass man es fast von der Seite fotografieren muss.

Baustil: Renaissance, Adresse: Marktplatz 30

Kulmbach

Rathaus (1752) ◆ 🖹

Im Jahre 1752 wurde das Kulmbacher Rathaus durch **Johann Georg Hoffmann** errichtet. Es zeigt einen Schaugiebel und einen achteckigen Dachreiter mit Glocke. Die schwungvolle creme-farbige Fassade, die viele Plastiken zeigt, wurde vom Hofarchitekten Joseph Saint-Pierre entworfen. Über dem Portal findet sich ein Balkon, an dem Flaggen zu sehen sind.

Baustil: Barock, Adresse: Marktplatz 1

Historisches Rathaus (1702) ❖ 🖹

Das historische Rathaus von Landsberg am Lech, welches noch heute für Stadtratsitzungen und standesamtliche Trauungen genutzt wird, wurde 1699-1702 erbaut. Die beeindruckende Stuckfassade wurde 1719 von **Dominikus Zimmermann** (1685-1766), dem Erbauer der Wieskirche, gestaltet. Die Fassade ist in fünf Achsen gegliedert und zeigt eine reiche Bildwelt. Die Fenster werden nach oben nach den Proportionen des Goldenen Schnittes höher.

Baustil: Barock, **Adresse:** Hauptplatz 152

Rathaus (1870) ◆ 📄

Besonderes Merkmal des Walmdachbaus ist der Mittelrisalit mit dem schwarzen Türmchen darauf. Die Fassade zierten verschiedene Wappen und eine Uhr. ☞ Ein Social Media Post des Rathauses führt zu so vielen likes, dass ich beschließe, es in die Liste aufzunehmen.

Adresse: Marktplatz 16

| Lindau |

Altes Rathaus (1422/1576) ❖🗎

Das 1422 im gotischen Stil erbaute
Rathaus wurde 1576 umgebaut und
erhielt einen Treppengiebel im
Renaissance-Stil. Die Südfront (Bild
rechts) wurde im 19. Jahrhundert mit
Malereien geschmückt.☞ Eine Höhe-
punkt in der ohnehin hübschen Inselstadt.

Baustil: gotisch, **A.:** Bismarckplatz 4

Rathaus (1690) ◆ 📄

Marktzeuln hatte im Mittelalter eines der höchsten Steuerauf-
kommen der gesamtem Umgebung und drückte seine Bedeutung
durch den Bau eines 1578 fertiggestellten Rathauses aus. Doch
1646, der Dreißigjährige Krieg war fast zu Ende, wurden der Ort
und sein Rathaus von den Schweden niedergebrannt. 1690 wurde
auf dem Sockel des alten Baues ein neues Fachwerkrathaus mit
reich verzierter Fassade im barocken Stil gebaut. Es verfügt sogar
- als selten zu sehendes Element - über einen Fachwerkturm. Die
letzte Generalsanierung des Rathauses fand 2009-12 statt.

Baustil: Barock, **Adresse:** Am Flecken 29

Neues Rathaus (1909) ◆ 🖹

Das Neue Rathaus von München wurde 1867-1909 im neugotischen Stil durch den österreichischen Architekten **Georg Joseph Hauberrisser** (1841-1922) in drei Bauabschnitten erbaut. Bei der Gestaltung des 1905 vollendeten 85 m hohen Rathausturms ließ sich Hauberrisser vom 1455 fertig gestellten Brüsseler Rathausturm inspirieren. Für Erweiterungsbauten diente auch das Neue Rathaus Wiens als Vorbild. Im Zweiten Weltkrieg wurde das Rathaus durch Luftangriffe leicht beschädigt. Die neogotische Fassade ist sehr reich an Figuren. Bei Touristen beliebt ist das mehrmals ertönende Glockenspiel mit 32 Spielfiguren aus der Geschichte und den Sagen von München. Der Balkon des Rathauses wird auch zur Feier sportlicher Erfolge genutzt, so durch den FC Bayern München.

Baustil: neugotisch, **Adresse:** Marienplatz 8

Ochsenfurt

Neues Rathaus (1513) ◆

Besondere Kennzeichen des 1497-1513 im spätgotischen Stil erbauten Rathauses sind die einseitige Freitreppe, das Uhrentürmchen mit Spitzhelm auf dem verschieferten Dach, sowie die rote Bemalung. Im Lanzentürmchen findet sich ein Figurenspiel, dass zu jeder vollen Stunde aufgeführt wird. ☞ Als ich Ochsenfurt besuche, um Fachwerkhäuser zu fotografieren, erscheint mir jedoch das Rathaus als attraktivstes Gebäude.

Baustil: spätgotisch, **Adresse:** Hauptstraße 42

Sulzbach-Rosenberg

Rathaus (1464) ◆ 📄

Besonderes Kennzeichen des Gebäudes sind das rötliche Quadermauerwerk und der durchbrochene mit Fialen bekrönte Staffelgiebel. Über dem Portal findet sich ein Erker, der Giebel ist mit Wappen verziert.☞ Als ich Sulzbach-Rosenberg 2020 besuche, erwarte ich eine kriselnde Industriestadt (stillgelegte Maxhütte als letztes Stahlwerk Bayerns). Ich bin überrascht über die auf einem Landrücken gelegene gepflegte Altstadt von Sulzbach mit Schloss und auch über das in seiner Kubatur auffallende gotische Rathaus.

Baustil: gotisch, **Adresse:** Luitpoldplatz 25

Velburg

Rathaus (1865) ◆

Das 1541 erbaute Rathaus von Velburg war 300 Jahre später so baufällig, dass es 1858 abgerissen wurde. 1863-65 wurde ein neues Rathaus im neugotischen Stil erbaut. Nach 1900 wurde es als Schulhaus genutzt. Nach dem Zweiten Weltkrieg diente es verschiedenen Zwecken, darunter als Feuerwehrgerätehaus, Museum, Hosenfabrik und Schule. Seit 1975 wird es nach einer Modernisierung wieder als Rathaus genutzt.☞ die Neogotik-Fassade kommt, als ich sie auf Social Media poste, gut an.

Baustil: neogotisch, **Adresse:** Hinterer Markt 1

Volkach

Rathaus (um 1550) ◆ 🖹

Im Jahre 1544 begann der Bau des Volkacher Rathauses, das Jahr der Fertigstellung ist nicht bekannt. Die Entstehung zur Zeit der Renaissance zeigt sich im Baustil. Die doppelläufige Freitreppe und darüber der polygonale Fachwerkerker prägen das Erscheinungsbild der Traufseite zum Markt. Das schiefergedeckte Dach zeigt mehrere spitz zulaufende Walmgauben.

Baustil: Renaissance, **Adresse:** Marktplatz 1

9. Thüringen

Die Städte Thüringens zeichnen sich durch historische Architektur aus, denn Kriegszerstörungen hielten sich in Grenzen. In einigen kleineren Städten gibt es Fachwerkrathäuser mit interessanten Kubaturen, so in Treffurt, dessen 1546-49 errichtetes Fachwerkrathaus durch seinen fünfstöckigen Turm auffällt, um den es im Jahr 1616 erweitert wurde. Fast 100 Jahre lang war die Fassade verputzt und der Turm verschiefert. Doch in den 1990er Jahren wurde das Fachwerk wieder freigelegt und ein Schmuckstück kam wieder zu Tage. Auch das ehemalige Rentamt in Worbis, heute Rathaus der Stadt, zeigt mit seinem Erker eine interessante Form. Beeindruckend sind auch Fachwerkfassaden im hennebergisch-fränkischen Stil im Süden des Bundeslandes. Das Rathaus von Suhl-Heinrichs ist ein Beispiel dafür. Ein Kuriosum ist das Rathaus von Suhl. Dort steht an der Fassade: *„Im grünen Wald die rote Stadt, die ein zerschossen Rathaus hat"*. Dies erinnert an die Kämpfe während des Kapp-Putsches (Bild unten).

Bedeutende Rathäuser außerhalb der Liste der Top 100:

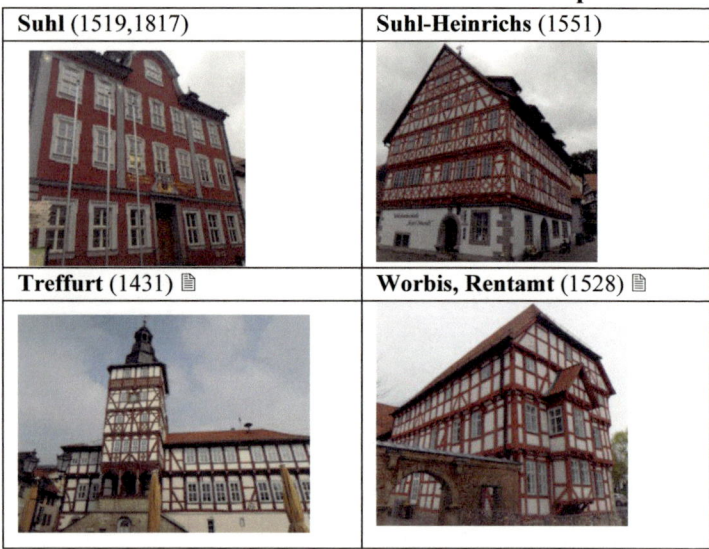

Suhl (1519,1817)	Suhl-Heinrichs (1551)
Treffurt (1431) 📄	Worbis, Rentamt (1528) 📄

Rathaus (1875) ◆ 📄

Das Rathaus hat eine lange Baugeschichte, mit Ursprüngen bis ins 11. Jahrhundert. Bis 1706 wurde etwa die heutige Kubatur erreicht. Doch 1833 begann man, zum Entsetzen etlicher Zeitgenossen, das alte gotische Gebäude abzureißen. Ab 1869 wurde das Rathaus im Stil der Neugotik nach Entwürfen des Architekten Theodor Sommer wieder errichtet und 1875 von den ersten Dienststellen bezogen. Im April 1945 gab es durch amerikanischen Beschuss Schäden an Turm und Dach, welche später vereinfacht wieder aufgebaut wurden.

Baustil: Neugotik, **Adresse:** Fischmarkt 1

Rathaus (1594) ◆ 🗎

Wie bei vielen Rathäusern findet sich auch hier eine komplexe Baugeschichte. Im Kern ist noch ein Steinhaus aus dem 13. Jahrhundert erhalten. Als dieses ausbrannte, wurde 1395-1417 ein neues Rathaus gebaut. 1572 wurde dieses durch ein Unwetter teilweise zerstört. Unter Verwendung der Außenmauern entstand dann 1594 ein Neubau. Auch an diesem fanden im 19. und 20. Jahrhundert zahlreiche Umbauten statt. Im Zweiten Weltkrieg wurde das Rathaus teilweise zerstört, 1951 außen renoviert. Ab 1995 wurde es nach historischen Befunden saniert.

Baustil: Renaissance, **Adresse:** Clara-Zetkin-Str. 3

Rathaus (1464) ◆ 🖹

Man sieht dem Rathaus noch heute an, dass es ursprünglich aus zwei unterschiedlich hohen Gebäudeteilen bestand. Der östliche höhere Gebäudeteil wurde bereits als Rathaus genutzt, als er 1464 mit dem westlichen Gebäudeteil zu einem vergrößerten Rathaus vereinigt wurde. Durch Umbauten Ende des 15. und Anfang des 16. Jahrhunderts wurde das Rathaus ausgeschmückt und bekam einen Erker. 1505 wurde der von Hans Krause entworfene Schmuckgiebel erbaut. Kurz nach der Wende wurde das Gebäude restauriert.

Baustil: Spätgotisch, **Adresse:** Markt 1

Pößneck

Rathaus (1488) ◆ 🖹

Das Rathaus von Pößneck wurde 1478-88 erbaut. Der Südgiebel wurde jedoch erst 1491, der beeindruckende Nordgiebel sogar erst 1499 fertig gestellt. In seiner Kubatur blieb es seither fast unverändert, spätere Umbaumaßnahmen betrafen vor allem das Innere, Kriegszerstörungen gab es nicht. Eine Tafle am Rathaus bezeichnet es als *eines der schönsten spätgotischen Rathäuser Thüringens.*

Baustil: Spätgotisch, Renaissanceelemente, **Adresse:** Markt 11

Rathaus (1537) ◆ 🖹

Das 1529-1537 im Renaissancestil erbaute Rathaus zählt zu den bedeutendsten Rathausgebäuden Thüringens. Die schwarz-weiße Farbgebung und der achteckige vorspringende Treppenturm flankiert von den Giebeln der Zwerchhäuser ergeben einen markanten Anblick. Zudem tragen ein Eckerker und ein weiterer Erker rechts vom Treppenturm zu einer interessanten Fassadengliederung bei.

Baustil: Renaissance, **Adresse:** Markt

10. Sachsen

Sachsen gehörte zur Gründerzeit zu den wohlhabendsten Regionen Deutschlands. So gibt es auch viele repräsentative Rathäuser aus dieser Zeit. Während es fast keine Fachwerkrathäuser gibt, sind auch einige repräsentative Massivbauten aus anderen Epochen zu sehen. Plauen im Vogtland hat ein in spätgotischer Architektur 1503-1508 errichtetes Rathaus, welches 1548 beim Stadtbrand schwer beschädigt wurde. Der abgebrannte Südgiebel wurde als Renaissancegiebel wieder aufgebaut. Im Giebel wurde zudem eine Kunstuhr eingesetzt. 1912 kam eine Doppelfreitreppe im Neorenaissancestil hinzu. Beim Werdauer Rathaus handelt es sich um einen neobarocken Bau nach Entwürfen des Architekten Wilhelm von Kretzschmar, der 1911 im Beisein des sächsischen Königs eingeweiht wurde. Das Rathaus von Zittau wurde 1840-45 von Stadtbaumeister Schramm nach Plänen Schinkels errichtet.

Bedeutende Rathäuser außerhalb der Liste der Top 100:

Löbau (1714) 📄	Plauen (1548) 📄
Werdau (1911)	Zittau (1845)

Altes Rathaus (1498) ◆ 🖹

Weil die hölzernen Vorgängerbauten immer wieder abbrannten wurde das Alte Rathaus von Chemnitz schließlich 1496-1498 aus Stein errichtet. Doch auch dieses Gebäude brannte im Jahre 1617 ab. Kurz nach dem Wiederaufbau wurde 1620 der Hohe Turm fertiggestellt, der teilweise zur Jakobikirche und teilweise zum Rathaus gehört. 1746 wurde das Rathaus durch den Architekten **Johann Gottlieb Ohndorff** im Barockstil umgebaut. Im 2. Weltkrieg wurden das Rathaus und der Hohe Turm zerstört. Beim Wiederaufbau wurde das Rathaus interessanterweise um ein Geschoss erhöht. Der Hohe Turm wurde erst bis 1986 wieder vollständig errichtet.

Baustil: Barock, **Adresse:** Obermarkt 24

Rathaus (1474) ◆ (🗎)

Das Rathaus der einst reichen Bergstadt wurde von 1410 bis 1474 errichtet, wobei Teile eines Vorgängerbaues genutzt wurden. Das spätgotische Steildach wurde dabei durch das heute zu sehende Satteldach ersetzt. Das sehr breit gelagerte Rathaus zeigt einen wappengeschmückten Erker aus dem Jahre 1578. Seit 1986 findet sich am Rathaus ein aus Meißner Porzellan gefertigtes Glockenspiel das täglich das „Glück auf, Glück auf" Steigerlied intoniert.

Baustil: Renaissance, **Adresse:** Obermarkt 24

Neues Rathaus (1905) ◆ 🖺

Als die Stadt Leipzig im 19. Jahrhundert schnell zur Großstadt wuchs, war das alte Rathaus bald nicht mehr groß genug. Die Stadt erwarb vom Land die am Rande der Altstadt gelegene Pleißenburg. Die den Leipzigern vertraute Turm-Silhouette der Pleißenburg sollte erhalten bleiben und diente schließlich als Sockel für die Turmerhöhung. Das Rathaus wurde im Stil des Historismus (Neo-renaissance) entworfen.☞ Als ich begann, Jugendstilgebäude zu sammeln wurde das Rathaus auch als solches genannt, nur im Turmhelm sind jedoch Jugendstilanklänge zu sehen.

Baustil: Historismus, **Adresse:** Martin-Luther Ring 4

Rathaus (1477/19. Jahrhundert) ◆

Das Rathaus von Oschatz wurde erstmals 1477 erbaut, jedoch im Jahre 1539 abgetragen und vergrößert. 1842 kam es zu einem Stadtbrand, welcher auch das Rathaus zerstörte. **Gottfried Semper** wurde mit dem Entwurf für den Wiederaufbau beauftragt. Nicht alle seine Pläne wurden umgesetzt, aber der Renaissancegiebel und der Rathausturm stammen von ihm.☞ Vor 10 Jahren saß ich mit Freunden an diesem Platz und war erstaunt über die ansehnliche Silhouette dieser eher unbekannten Stadt.

Baustil: Renaissance, **Adresse:** Neumarkt 1

11. Sachsen-Anhalt

Sachsen-Anhalt hat eine Vielfalt sehenswerter Rathäuser, von massiven mittelalterlichen Rathäusern wie in Quedlinburg, zu Fachwerkrathäusern wie in Wernigerode, Renaissance Putzfassaden wie in Wittenberg und norddeutschen Backsteinrathäusern wie in Tangermünde. In Allstedt erhielt das spätgotische Rathaus aus dem 15. Jahrhundert durch mehrfache Umbauten im 16. Jh. seine von der Renaissance geprägte Anmutung mit schwungvollem Giebel. In Harzgerode steht ein 1901 erbautes historistisches Rathaus mit reich verzierter Fachwerkfassade, welches das Kellergewölbe des Vorgängerbaus von 1639 nutzt.

In Naumburg wurde das Rathaus nach dem Stadtbrand von 1517 bis 1528 im Renaissancestil neu errichtet. Es zeigt eine interessante Dachlandschaft. In Schönebeck an der Elbe wurde 1892 bis 1893 ein repräsentatives Rathaus im Neorenaissancestil erbaut.

Bedeutende Rathäuser außerhalb der Liste der Top 100:

| Allstedt (15./16. Jh.) | Harzgerode (1901) 📄 |
| Naumburg (1528) 📄 | Schönebeck (1893) 📄 |

Eisleben

Rathaus der Altstadt (1530) ◆ 📄

Der Stadtbrand von 1498 zerstörte das wohl schon seit 1300
bestehende Rathaus. 1509-1530
wurde es im spätgotischen Stil
unter dem Einfluss der Frührenaissance erbaut. 1531 wurde das
Dach mit Kupfer eingedeckt,
welches ihm heute seine charak-
teristische grüne Farbe verleiht.
1532 kam eine Außentreppe an
der Nordseite hinzu. In späteren Jahrhunderten gab es zahlreiche
Umbauten, wobei die Kubatur im Wesentlichen erhalten blieb.
Kriegszerstörungen und Brände gab es nicht.

Baustil: spätgotisch/Frührenaissance, **Adresse:** Marktplatz

Rathaus (13. Jahrhundert/1616) ◆ 🖹

Das Rathaus von Quedlinburg zählt zu den ältesten Rathausgebäuden Deutschlands. Die noch heute bestehende Fassade entstand allerdings erst 1616. 1899 bis 1901 wurde das Rathaus vor allem nach hinten erweitert. Im Zweiten Weltkrieg blieben Quedlinburg und sein Rathaus unzerstört. An der südwestlichen Ecke des Rathauses findet sich eine Rolandstatue. ☞Der Werksteinbau ist stark mit wildem Wein bewachsen, dessen Farben zudem die Jahreszeiten reflektieren, was zum pittoresken Bild des Platzes beiträgt.

Baustil: überwiegend Renaissance, **Adresse:** Markt 1

Rathaus (Ostflügel um 1430) ◆ 📄

Die 24 m hohe Backstein-Schauwand ist der eindrucksvollste Teil des Tangermünder Rathausgebäudes. Der dreiteilige Ziergiebel mit den großen Rosetten getragen von kleineren erinnert irgendwie an ein Kirchengebäude.☞: die erschütternde Statue von Grete Minde in Ketten trägt zur Dramatik des Rathausplatzes neben dem schroff aufragenden Giebel bei.

Baustil: Backsteingotik, **Adresse:** Lange Straße 1a

Rathaus (1498) ◆ 🖺

Am Standort des Rathauses entstand um 1420 ein gräfliches Spielhaus, welches 1427 der Stadt geschenkt wurde. 1494-98 entstand der Fachwerkbau mit den markanten Erkern, die in spitzen, schieferbedeckten Türmchen zulaufen. Die interessante Fassade wird zudem durch eine Freitreppe bereichert. Die Kombination von Putz, Fachwerk- und Schieferfassade, von roter, grüner, schwarzer und beiger Farbe, machen das Erscheinungsbild sehr prägnant.☞ Für mich eines der ikonischsten Rathäuser.

Baustil: spätgotisch, **Adresse:** Marktplatz 1

Rathaus (1541) ❖ 🗎

Das Wittenberger Rathaus gilt als bedeutendes architektonisches Zeugnis der an der mittleren Elbe verbreiteten Sächsischen Renaissance. Der Bau des Rathauses wurde 1521 unter Bastian Krüger begonnen. 20 Jahre später wurde es fertiggestellt.
Bei einem Umbau im Jahre 1573 kamen das Eingangsportal und der Glockenturm hinzu. In den folgenden Jahrhunderten und bis heute blieb das Rathaus von Bränden und Kriegszerstörungen verschont. Im Jahre 2000 zog die Stadtverwaltung aus und 2003 wurde das Gebäude saniert.☞ der Marktplatz mit dem Rathaus gehört zu den schönsten Plätzen Mitteldeutschlands.

Baustil: sächsische Renaissance, **Adresse:** Markt 26

12. Mecklenburg-Vorpommern

Während Rostock und Stralsund die beeindruckendsten Rathausgebäude von Mecklenburg-Vorpommern aufweisen, gibt es auch in kleineren Städten ansehnliche Backsteinrathausgebäude, so etwa in Grimmen (Bild unten). ☞: das um 1400 erbaute gotische Backsteinrathaus in Grimmen brachte mich auf die Idee, ein Buch zu Backsteingebäuden oder zumindest zu Rathäusern zu machen.

In Wismar ist der Marktplatz durch seine Größe und Randbebauung beeindruckend. Das 1817 bis 1819 dort im klassizistischen Stil erbaute Rathaus selbst zeigt dabei eine eher zurückhaltende Kubatur.

Grimmen (um 1400) 🖹	Wismar (1819) 🖹

Rathaus (13. Jahrhundert) ◆ 📄

Das Rostocker Rathaus ist der älteste Profanbau der Stadt und gilt als eines der bedeutendsten nicht-kirchlichen Backsteingotikbauten im Ostseeraum. Seit 1726 verdeckt ein barocker Vorbau mit Laubengang die Backstein-Prunkwand.

☞ Die sieben gilt als magische Zahl in Rostock (sieben Buchstaben): sieben Stadttore, sieben Glocken, sieben Türme auf St. Marien, sieben Straßen zum Markt, sieben Türme auf dem Rathaus.

Baustil: Backsteingotik, Vorbau Barock, **Adr.:** Neuer Markt 1a

Rathaus (um 1310) ◆ 🖹

Die Anfänge des Gebäudes gehen bis auf den Beginn des 13. Jahrhunderts zurück als mit dem Bau eines Ratskellers begonnen wurde. Im Laufe des 14. Jahrhunderts wurde das Gebäude erweitert. Ab 1881 kam es zu erheblichen Umbauten. Der Putz der Schaufassade wurde entfernt und die Backsteinfassade neugotisch verblendet. ☞Backsteingotik-Schaufassaden sind für mich als Süddeutschen immer wieder faszinierend.

Stil: Backsteingotik, **Adresse:** Alter Markt

Quellennachweis:

Bilder: R. Deiss, München: N. Snipes, Chemnitz: M. Reichwein

Texte: Informationen zu den Texten:

Wikipedia wurde als Quelle für alle Gebäude benutzt, die durch ein 🗎 gekennzeichnet sind. Zusätzliche Quellen:

Backnang, Historisches Rathaus
https://www.denkmalschutz.de/denkmal/historisches-rathaus-backnang.html

Bad Salzuflen, Historisches Rathaus
https://www.staatsbad-salzuflen.de/a-historisches-rathaus

Bad Waldsee, Historisches Rathaus
https://www.oberschwaben-tourismus.de/attraktionen/rathaus-bad-waldsee-9d2796d349

Besigheim, Rathaus
https://www.oberschwaben-tourismus.de/attraktionen/rathaus-bad-waldsee-9d2796d349

Brakel, Rathaus
https://www.heinze.de/architekturobjekt/brakel-rathaus/12625003/

Dahme/Mark, Rathaus
https://www.dahme.de/verzeichnis/objekt.php?mandat=51077

Fritzlar, Rathaus
https://www.nordhessen.online/sehenswuerdigkeiten-freizeit/historisches-rathaus-fritzlar

Fulda, Rathaus
https://www.wirliebenfulda.de/blog/fachwerkliches-schmuckstueck/

Großbottwar, Rathaus
https://www.grossbottwar.de/verzeichnis/visitenkarte/vorstellung/mandat/149558/rathaus_von_der_stadt_grossbottwar.html?browser=1

Groß Umstadt, Historisches Rathaus
https://www.main-echo.de/freizeit/kultur/detail/?id=38614&name=reanissance-rathaus-gross-umstadt

Hadamar, Rathaus

https://www.main-echo.de/freizeit/kultur/detail/?id=38614&name=reanissance-rathaus-gross-umstadt

Kirchhain

https://www.kirchhain.de/media/custom/2848_913_1.PDF?1499199422

Lingen, Historisches Rathaus

https://emslandmuseum.de/2023/06/09/das-lingener-rathaus-im-wandel-der-zeit/

Meppen, Rathaus

https://www.emsland.com/urlaub/sehenswertes/details/historisches-rathaus-meppen

Michelstadt, Historisches Rathaus

https://www.michelstadt.de/tourismus-kultur/sehenswuerdigkeiten/altstadt/historisches-rathaus/

Neustadt (Hessen)

https://www.deutsche-maerchenstrasse.com/poi/historisches-rathaus-von-neustadt-hessen

Oberhausen, Rathaus

https://www.kuladig.de/Objektansicht/KLD-251787

Oberursel, Rathaus

https://heimvorteil-oberursel.de/eintrag/historisches-rathaus/

Rhens, Altes Rathaus

https://www.romantischer-rhein.de/a-altes-rathaus-rhens

Rietberg, Rathaus

https://www.teutoburgerwald.de/region/ausflugsziele/mein-ziel/historisches-rathaus-rietberg

Rinteln, Historisches Rathaus

https://www.rinteln.de/leben-in-rinteln/stadtportrait/historischer-stadtrundgang/1-ratskeller/

Uslar, Rathaus

https://www.weserbergland-tourismus.de/de/poi/fachwerkhaus/altes-rathaus-uslar/12213776/

Wangen, Historisches Rathaus

https://www.wangen-tourismus.de/entdecken-erleben/kleinode-und-schaetze/sehenswuerdigkeiten/historisches-rathaus

Architekturbücher des Autors bei BOD, www.bod.de

Deutschlands schönste Fachwerkhäuser
Meine Liste der 100 schönsten Fachwerkgebäude in Deutschland
Norderstedt 2023

Die schönsten Fachwerkhäuser in Norddeutschland
Meine Liste der 77 schönsten Fachwerkhäuser in den 5 nördlichen
Bundesländern, Norderstedt 2024

Die schönsten Fachwerkhäuser in Nordrhein-Westfalen
Meine Liste der 77 schönsten Fachwerkhäuser in NRW,
Norderstedt 2024

Die schönsten Fachwerkhäuser in Hessen
Meine Liste der 77 schönsten Fachwerkhäuser in Hessen,
Norderstedt 2024

Die schönsten Fachwerkhäuser im Westen Deutschlands
Meine Liste der 55 schönsten Fachwerkhäuser in Rheinland-Pfalz
und im Saarland, Norderstedt 2024

Die schönsten Fachwerkhäuser Süddeutschlands
Meine Liste der 77 sehenswertesten Fachwerkgebäude in
Süddeutschland mit Schwerpunkt Baden-Württemberg,
Norderstedt 2024

Die schönsten Fachwerkhäuser Bayerns
Meine Liste der 55 sehenswertesten Fachwerkgebäude in Franken
und in Bayerisch Schwaben, Norderstedt 2024

Schwangere Auster und Hohler Zahn
555 Gebäudebeinamen und was dahintersteckt, Norderstedt 2019

Haussmann, Holl und Hillebrecht
77 Denkmäler für Architekten, Baumeister und Stadtplaner,
Norderstedt 2023